JN418898

잃어버린 기억들

잃어버린 기억들

초판 1쇄 발행 2023년 8월 14일

지은이 이원문

펴낸이 임병천
펴낸곳 책나무출판사
출판신고 2004년 4월 22일 (제318-00034)

주소 서울시 영등포구 신길3동 325-70 3F
전화 02-338-1228 **팩스** 0505-866-8254
홈페이지 www.booktree.info

ISBN 978-89-6339-728-3 03810

잃어버린 기억들

이원문 시집

책나무출판사

목차

1부

2부

3부

4부

• 1부 •

선생님의 꽃

예쁜 우리 선생님
우리 담임 선생님
숙제 검사 준비해라
창가에 앉자었지
우리가 심은 꽃 꽃밭 바라보셨고

따끔한 회초리의
우리 담임 선생님
숙제 안 했다 떠든다
야단치던 선생님
전근의 헤어짐에 마지막 시간인가

보고 싶은 선생님
우리 담임 선생님
코흘리게의 그리움
학교 가고 싶어라
흘린 책 주워주던 우리 담임 선생님

겨울 꿩

시절의 겨울
그 시절의 겨울
쌓은 짚단 양지에 앉아
앞 산 자락 바라보노라면
비탈 밭 하얀히 내린 눈에 덮혀 있고
때 찾아 오는 꿩 먹이 찾는다

두 서너마리 여기 저기
무엇을 먹고 먹을 것이 어디에 있나
덤불 헤쳐 보아야 아무 것도 없는데
기슭 찾아 오르면 그나마 찔레 열매
또 다른 열매 무엇을 따 먹을까
점심 나절 해 기울면 꼭 찾아 내려온다

부족 했던 시절
고기 먹고 싶은 시절
꿩에게는 미안한 마음
저 꿩을 잡으면 저녁 한 끼니는 거뜬히
어떻게 저 꿩을 무엇으로 잡을까
조상에게 배운 지혜 흰 콩이나 좀 준비할까

저녁 먹은 초저녁 밤
화롯불 가득 담아 놓고
등잔불 밑 양초농 녹아 내리는 저녁
두드린 못으로 뚫어낸 다음
뚫어낸 그 자리에 싸이나(청산가리)로 꼭꼭 채운 다음
녹은 촛농으로 살짝 덮어 꿩의 먹이로 유혹한다

내일은 싸이나(청산가리) 놓는 날
배고픈 꿩 어느 꿩이 그 콩을 먹을까
밭 자락에 돌멩이 주워 여기 저기 올려 놓으면
햇 꿩은 쪼아 먹고 그 자리에서 눈을 감는데
묵은 꿩은 요리조리 굴려 보며 절대 안 먹는다
더러는 어쩌다 눈먼 꿩이 먹고 안녕

이 모두 지혜와 의심
가르쳐주지도 않았고
배우지도 않은 묵은 꿩의 지혜일까
무엇을 알고 모를 먹이의 유혹을 뿌리쳤나
경험 아닌 지혜의 묵은 꿩 먹고 싶었을 것인데
모두는 묵은 꿩만이 아는 세상 살이의 지혜다

오막살이의 파도

싸리문 밖 고요히 갈매기 울음만이
누가 오고 안 오고 이 섬을 찾을까
배 닿는 곳 나가보면 밀려온 파도만
오막살이의 기다림 파도에 묻히고
먼 섬 돌아 지나는 배 이 섬 찾을 듯
그마저 더 멀리 보이지 않는다

정월의 그리움

내 속에서 나온 이 모인 식구
어제 내려와 그리 야단법석이더니
설날 어제 하루 묵고 이튿날인 오늘 가는구나
며칠 더 있어 주면 훈훈하고 좋으련만
뭐가 그리 바빠 하루 묵고 떠나는지
허긴 일 해야 하니 먹고 살려고 그렇겠지

기다렸던 그믐의 마음 허전하구나
옛날 같으면 화롯불이나 담어 놓을 것인데
이렇게 쓸쓸하니 또 언제 모일까
다녀 간 손주 놈들 눈에 밟히고
부족해도 잘 자라준 내 아이들 고맙구나
암 고맙고 말고 그것도 팔자이지

세월의 꽃

펼쳐 볼 수는 있어도
돌아 갈 수 없는 세월
그 그림을 어디에 두고 눈을 감을까

세월에 밀려 여기 이곳까지
손과 발이 데리고 다닌 곳마다
웃음만 있었을까 나 어디에 와있나

길목의 그 꽃도 하늘의 구름도
다시 흐르고 때 찾아 피어나 것만
떠나면 그만인 길 누가 올 수 있겠나

그곳에도 피고 지는 꽃이 있고
구름도 저 구름 같이 산을 넘는지
이 가슴에 그린 그림 지우는 날 짚는다

겨울 골목

바람 소리에 주눅 들고
쌓인 눈에 더 추운 날
보이는 것이나 느낌의 몸이나
이 보다 더 얼마나 추울까

겹겹이 더 두른 옷
목덜미 시려워 목도리까지
뺨도 시려워 고개 숙이니
고개 숙인 얼굴도 그렇고

시려워 주머니에 넣은 손
넣어도 구부러진 손
오므러들어 잘 안 펴지니
속 살에 붙여도 닿은 살갗만 차갑다

여름은 더워서 겨울은 추워서
그 더운만큼 추운 겨울일까
이 겨울 지나 봄 돌아오면
언제 그랬더냐 철새 날아들겠지

마음의 봄

계절의 봄은
먼 산 너머에 있는데

달력의 봄은
넘긴 달력에 와 있었다

파도의 섬

밀려와 돌아 가고
다시 밀려 부서지고
깎아 대는 벼랑 밑
더 무엇을 깎을까

오막살이의 운명이려니
그렇게 살아온 세월
파도에게 들려주면
그 세월도 깎아줄까

거부 할 수 없는 운명이기에
낮이면 바위 찾아 굴 쪼아 담고
파도의 밤 밤이 되면
귀에 담는 파도 소리 갯벌에 심었다

어머니의 보름

명절 기다린 섣달도
정월 초하루에 이 보름도
보름 명절 지나면 팔월이 언제 올까
휭하니 빈 집 된 썰렁한 이 집
내일 모레 열 나흘 날 마실꾼이나 모이려나

그때 되면 양푼에다 밥이나 좀 비벼 먹어야지
작년 봄에 뜯어 말린 취나물에다
말린 애호박에 가지 말림 또 뭐 있나 엮어 매단 시래기
짜 놓은 들기름이라 묵은 고추장은 독으로 반 독 있고
고추 튀각이나 만들어 놓을까

김치는 나박김치가 있으니 고구마나 쪄 놓고
오곡밥이라 하니 이것 저것 물에 담가 놓으면 되겠지
팥은 미리 삶아 소쿠리에 받쳐 놓고
마실꾼들이 뭐나 좀 들고 올려는지
화롯불이나 가득 담아 놓고 기다려야겠다

아 또 있지 설에 먹다 남은 막걸리나 좀 낼까
그러면 이야기가 하루 종일 오고 갈텐데

친정 자랑 시댁 식구 흉 뭔 이야기는 안 나올까
그 여편네 오면 하소연도 들어주고
망할 것들 없다고 무시 당하는 여편네인데

이제 사나흘 남은 보름
보름달 둥그런히 동산에 떠 오를 것인데
늙은 친정에 친정 식구들도 바라보겠지
이 집 식구의 나도 바라보며 소원 빌고
오늘도 이 생각 저 생각에 하루가 다 가는구나

사랑의 보름

저 달 안의 먼 그리움
이름이 있어 보일까
모습이 있어 그리울까
머슴살이의 외로움
달 안에 가득하고
홀로의 타향 살이
보름달이 읽어 준다

큰 고모 따라 이 동네에 오던 날
밥떼기로 맡겨진 몸
누가 나를 좋아할까
심부름 하는 아이에서
글 모르는 머슴인데
장터 길 들어설 때 피던 찔레꽃
그때 피던 찔레꽃 달 안에서 바라본다

누렁이 소의 보름

아주 멀리 멀리 가버린 날
이제는 그 세월이었다라고 더 멀어지고
보름달만 가까이 그날을 읽어준다
놀이 많은 보름날 보릿고개의 즐거운 날
놀이에 즐겁고 오곡밥에 배부르니
그 기쁘고 즐거운 날이 며칠이나 될까

보름 지나 며칠 후면 논으로 밭으로
또 넘어야 할 보릿고개 작년 처럼 그럴까
외양간의 누렁이 소 여물 광 바라보고
달맞이의 아이들 하나 둘씩 모이는 소리
칠흡의 쌀독 바가지 소리 들려준다

밥 투정

해 질녘 저녁 밥상
사발마다 담긴 반찬
날마다 그 반찬이고
짠지에 된장찌게 그 반찬도 물린다
비린 것 없는 보릿고개의 밥상
쇠 그릇이라고는 아껴둔 놋 그릇만
누가 아는 그날의 쇠 그릇 없던 그 시절인가

보름 며칠에 접어든 보릿고개
서로 보는 밥 사발에 누구의 것이 고봉이고
쌀밥은 어디에 누구의 밥에 더 섞였나
꽁보리밥이라도 더 먹었으면
엄마 밥줘 내 밥이 적어 날마다 보리밥만
밥 한 숟가락에 싸웠던 형제들
고기 반찬 생선 반찬을 어디에서 구경 할까

김치 죽 콩나물 죽에 주눅 드는 밤
한나절 배고픔을 묻은 무로 채웠고
반찬 투정에 밥 많이 달라 모자랐던 밥
얻어온 옥양목 치마폭의 밥 그 밥이 누구의 것일까

어머니의 가슴에 못 박느라 보채는 우리들
들볶였던 어머니 옷 한 벌 못 얻어 입고
그렇게 그렇게 우리의 곁을 떠나셨다

보름날

춥고도 이 긴 겨울
저 응달녘 눈 녹으면
또 한 세월의 봄인데
보름달 바라보니 빌 소원도 많구나

우선 내 아이들
몸뚱이나 성하고
이 몸뚱이는 어디 갔든지
제 때에 비 내려 풍년이라야 하는데

우안이라 하니
누가 앓고 누우면
뭔 일인들 잘 될까
해마다 보는 달 오늘 따라 더 밝구나

섬 집

하늘 닿은 바다 위
외로운 섬 하나
찾는 이 없는 이 섬
누가 다녀 갈까

배 닿는 모래뭇
굴 껍데기 서글프고
들려 오는 파도 소리
오막살이 찾아 든다

사랑의 꿈

창가에 홀로 앉아
인연의 꽃 바라보던 날
둘만의 그 약속 영원 했었지

언제였던가 그날
무슨 말부터 해야 할지
서로 머뭇대며 말 못 했음을

무겁기도 무거운
그리 힘들었던 한마디
누가 먼저 꺼내야 할 말일까

오그라드는 입술
혹시나 서로 말 못하고
잡어 준 손목만 뜨거웠었지

재 너머의 노을

이른 봄날 진달래꽃 바라보며 나물 케는 아이들
오월의 보리밭 파란히 나부꼈던 저 곳인데
냇둑 길 언저리에 아카시아꽃 하얗었고
밭 돌뿌뎀이 따라 찔레순 꺾는 아이들
그 하얗게 피던 찔레꽃 기억 하고 있는지

봇물 떨어지는 보 아래 노니는 송사리 떼
발 시려워도 시려운 줄 모르고
돌 들춰가며 고기 잡는 아이들
서로가 얼마나 잡었나 양재기 들여다 보았고

내일은 더 많이 책 보자기 잊은 아이들
해 넘어간 보릿고개의 저녁연기일까
노을의 재너머 봄바람에 추웠다

외로운 창

지난 날 쓸쓸히 아롱져 오고
부르지 않은 그 옛날
커피 잔에 담긴다
잊는다면 잊어질까
잃은 것도 아니 건만
잊고 잃은 것 처럼 그리 멀기만

다음이 있다면 그날과 같이
나 혼자만이 나 하나
그런 사랑이 될까
다시 그려 보는 모습
창밖 멀리 다가오고
뜨거운 이 눈시울 이슬이 맺힌다

국민학교

겨울 방학 내내 자유를 얻었던 아이들
기다린 방학 만큼이나 개학에 주눅 들고
게으름뱅이 된 아이들 학교 가기 싫어한다
한편으로는 반 친구들 보고 싶어 가고 싶기도 하고
아랫목 화롯불에 즐거웠던 겨울 방학

걸어서 다녀야 할 십 리 길이 멀다 했나
뒷산 길 너머 또 한 고개 넘어 가야 하는 학교
아침 일찍 아부지 무서워 아니 가면 안 되는 학교
지각 하면 선생님께 받아야 할 벌이 무섭고
더 큰 걱정 하나 안 하고 못한 숙제 어떻게 해야 하나

고향의 풍경

세월 앞에 무엇인들 그대로일까
이 몸도 주름에 얼룩졌는데
바라보는 달 하나 양지녘의 하루
그리고 또 뭐 있나 둑방길의 밤하늘
그 별자리 세며 하모니카에 따 넣었던 날
이것밖에 더 무엇이 그대로일까

그리워라 돌아가고 싶어라
초가의 잠 깨우느라 앞 동네 개 보름달 보는 소리
그 멀고 긴 짖음 지금도 귓가에 들려 오는 듯
울 뒤 부엉이는 안 그랬을까 수탉도 그렇고
봄이면 나물 케는 아이들 호들기 부는 아이들
울 뒤의 개나리 앞 산에 진달래 울긋 불긋 피어 있었고

나부끼는 보리밭 그 둑 찔레꽃에 아카시아
냇가에 아이들 어디에 숨었나
뜸북이 울음에 바라보던 들녘
뽕 마중에 뽕밭 위 울던 뻐꾹새
가을날 수수밭 그 메뚜기 참새 떼 쫓는 소리
둥근 박 자란 그 자리에 겨울이면 내린 눈에 하얀 지붕으로

이 모두 모두 다 어디로 갔나
담 밑 앵두나무도 그립고
그 중 더 보고 싶은 울 뒤의 복숭아꽃
우물둥치의 난 매화 매화는 어머니의 꽃이었는데
흙 묻히며 살었던 나 자란 고향 땅
단발머리에 울보쟁이 이웃 여동생은 잘 있는지

하얀 허공

알 수 없는 그날들
무엇이 뚜렸 할까
바라보는 빈 하늘 아무것도 없고
그저 보는 눈만 하얀히

넋 놓은 저 허공
나는 누구인가
존재의 나 어디로 가고 있고
잠시 왔다 가는 곳 온 곳도 모르니

세상이 있어 내가 왔는지
내가 있어 세상이 왔는지
점 하나 없는 허공 나도 없고
안 보이는 세월 그 세월도 없다

• 2부 •

회고의 봄

갈 수만 있다면
다시 돌아 가리라

이 짊어진 짐 내려 놓고
다시 가리라

이것이 운명이고
세상이란 말인가

그 세월에 밀려
여기까지 오기를

이 곳이 아니기에
나 다시 돌아 가리라

달래의 꿈

봄이라 하기에 좀 그렇고
그렇다고 겨울이라 하기에 입은 옷이 두껍다
벗을 수 없는 아침 저녁으로 추운 봄
꽃샘 추위의 봄바람이란 이런 것인가
진달래꽃 봉오리 하루가 다르고
양지녘의 겨우살이 봄 볕에 잠이든다

달래 케러 가고 싶은 마음
어디를 찾아야 옛날 처럼 많이 켈까
많이는 아니어도 한 줌 정도는 될려나
실달래 묵은 달래 엉겨 붙은 쪽달래
그런 돌뿌뎀이 찾아 가면 있을 것 같은데
다음 날 다다음 날 호미 들고 나설련다

하얀 날

색깔 없는 그 옛날 하얀히 스쳐 가고
놓인 운명 앞에 홀로 외롭다
웃어도 보고 울어도 보았던 날
몇 갈래의 길이 여기에 데려 왔나
버리고 잊어도 찾아 드는 그 시간

스쳐 가는 시간마다 눈 안에 들어오고
쥐고 든 것 없이 무거운 짐만 가득
이 짐 내려 놓으면 어디로 가야 하나
바라보는 하늘 길 구름 따라 멀어지고
머문 여기의 이곳 찬 바람만 불어온다

바닷길

한가로이 파도 소리만
지나는 이 기다리는 바위 길 쓸쓸하고
외로운 갈매기 바람에 춥다
이 섬 같이 저 섬은 안 그럴까
떠 밀려온 나무 토막 누가 버렸는지
닳기도 많이 닳아 둥그러니 나뒹굴어 있고
찢어진 그물 조각 바위에 걸쳐 있다

둥그런 나무 토막이나
찢어져 너플대는 그물 조각이나
파도에 깎인 시간이 얼마나 될까
찢어진 그물도 그 시간 만큼이나 삭어 있고
바위 틈에 얹혀 있는 둥그런 나무 토막
그물도 그렇게 바위에 걸쳐 너플대니
이 모두 오막살이만이 아는 그 시간이 아닌지

세월의 노을

조용 할 때면 그리 옛날이 스쳐가는지
그렇게 살았음에도 되 돌아 가고 싶고
어릴 적 생각하면 더 더욱 가고 싶은 날
그 세월의 무게 중심에 어디쯤 와 있나
얼마 전만해도 긴 다음이 기다렸는데

지나 보니 짧은 세월 길었던 하루
그 중심 기울 무렵 어디에서 무엇 했나
이제는 짧은 다음 더 기우러진 인생
검던 머리 하얗게 그 세월은 안 그런가
거울 보고 웃어 보니 보는 나도 보기 싫다

노을의 그날

냇둑 길 따라 동무들과 오노라니
함께 놀던 동무들 샛길로 들어서고
혼자 남아 오는 길 저녁 해 저물었다

해 떨어진 서쪽 하늘
누가 나와 함께 이 길을 같이 갈까
더 붉게 짙은 노을 지워져가고

집집마다 저녁연기 끊기는 저녁
손에 든 개구리 꾸러미 버둥대니 어떻게 하나
다 끊긴 저녁연기 우리 집만 안 끊겼다

뜸북새

읽어 보는 먼 기억
기슭의 그 다랑이 논 언제 가 볼까
뜸북새가 읽어 주는 적막의 기슭이었는데

그리도 먼 기억
고요했던 먼 기억에 하늘의 흰 구름만
안 보여도 들려오는 논 가운데의 그 울음인가

지금도 들리는
논 가운데 숨어 우는 외로운 뜸북새
아무도 누구도 그 기슭에 누가 올까

기다림의 뜸북새
떠나면 그만인데 무엇을 기다렸는지
한세월 기다림에 그렇게 떠났다

외로운 노을

돌아 보니 아무것도
그 욕심에 매달려 그렇게 살았는지
후회도 원망도 그렇게 살 수밖에
그것도 그럴 것이 이삿짐에 지치지 않았나

지나 보니 세월만
아직 먼 둥지 하나 얻은들 무엇 하나
널 뛰는 둥지 값에 다 보낸 세월
그 세월도 저물어 다음 날이 짧아지는구나

초가의 봄

봄날의 초가집
긴긴 그 겨울날 얼마나 추웠나
수수깡 울타리에 바람 스며 더 추웠고
추워도 찾는 울타리 너머 사금팔이의 봄
그 사금팔이 줍는 아이들 어디에 가 무엇 했나

돋아난 실냉이
여기도 한 뿌리 저기도 한 뿌리씩
사금팔이에 올릴 그 냉이가 아닌가
어미 닭 부름에 나들이 하는 병아리 떼
오늘은 개나리 양지녘 어미 품에 잠이 든다

냉이의 그리움

바구니의 봄날
불어오는 봄바람 바구니에 담기고
아지랑이 멀리 그리움 다가온다
누구라도 부르면 돌아 볼 것 같은 마음
누구의 휘바람이 이 바구니에 담길까

냉이의 그리움 아지랑이 따라 아롱지니
봄처녀 그리움의 먼 훗날인가
냉이의 짝사랑 달래 찾아 나서고
이 자리에 내일 또 다시
냉이의 먼 훗날 흰 구름 따라간다

추억의 그림자

창 밖의 저 먼 구름 어디로 흘러 가는지
늙은 세월에 다가오는 그날들
젊음의 건너편 어린 시절도 있었고
이 늙음의 어제 그런 날도 있었다
잃어버린 날에 꿈 같은 세월

이제는 하루 한 달 일 년이 저무는가
앉아도 누워도 불편한 하루
창 너머 저곳에 무엇이 있어 바라보게 되는지
노을에 물든 마음 세월에 덮혀 가고
짧음의 그 옛날 오늘도 짧다

사랑의 양지

가버린 날 그렇게 떠났어도
나 아직 그 자리에 있어요
미웠던 날 미웠어도
이제 미워지지 않고요
행여 돌아 올까 기다리는 마음
처음도 나와 같이 기다리겠지요

둘만의 그 날이 꿈이였나요
나 아직 기다리고 있어요
오늘도 지금도 기다리고 있어요
운명이라 받아들이기에 너무 먼 인연
지지 않을 인연의 꽃 피우기 위해
나 아직 기다리고 있어요

3월 1일

다문화 가정 : 섞이는 핏줄기
저출산 대책 : 모자라는 인구
독 안의 싸움: 탓과 원망으로

우리의 땅 독도를 보았는가
부엌의 쌀 독 안을 보았는가
우리 이제 꿈에서 깨어나자

인생 길

이 하루의 그날이
그리 멀고 길다 했나
오늘이 되는 줄 모르고
하루 해에 매달리던 날
젊음의 그 많은 날
다 어디 어디로 갔나
올려 보는 하늘에 흐르는 구름이요
먼 발치에 바라보는 강물 같은 인생
거스르지 못하고 돌아가지 못하니
욕심에 남은 길 얼마쯤 더 가야 하나

돌담의 봄

초가의 그 양지녘
허름하니 무너진 담 아래
앵두나무 늙어 가던 날
홋껍데기의 그 양지녘
흔적이라도 볼 수 있다면

나뒹굴던 돌 무더기
널려 있는 사금팔이
뒷곁에 개복숭아 나무
굿날 쓰던 복숭아 꽃짱가리
그 복숭아 꽃짱가리가 아닌가

어미 품 속의 병아리들
어찌나 어미 품을 잘 파고드는지
졸음의 어미 닭 개나리 꽃 올려 보았고
양지에 돋은 냉이의 그 뿌리
뽑으면 하얀히 그 뿌리 뽑아 입에 넣어었는데

바다의 꿈

섬에서 섬으로
벼랑 끝에 앉아 내려 보노라면
눈 안의 이 섬 저 섬 날마다 변함 없고
드러난 어머니의 갯벌도 날마다 그랬었다
밀물에 갈매기 울음 저 물이 언제 들어올까
기다림도 아니 건만 어느새 반쯤이나

무엇을 바라보며 여기에 앉아 있는지
그 새에 들어찬 물 파도 소리 처량하고
집어 든 돌 던져보니 흔적조차 아무 것도 없다
겹치고 겹친 파도 밀려와 휩쓰는 곳
섬 돌아 떠나는 배 눈에서 멀어지고
벼랑 끝 바람만이 머리 위의 해 밀어 댄다

잃어버린 봄

보리밭 둑 이리 저리 쑴바귀 찾는 누나들
뒤 따르며 같이 가자 달래 찾는 동생들
어디에 가야 많이 캐어 바구니로 가득 될까
쉽게 보이는 냉이는 성황당 길가에 많을 것 같고

흰 구름 따라 흘러간 멀고 먼 그 봄날
개울 둑의 휘바람 소리 누가 그리 불어 댔는지
바구니에 반쯤이면 할머니 얼굴에 웃음이
몇 뿌리로 바닥이면 그날은 구박뎅이였다

하얀 추억

잊으면 잊어질까
지우면 지워질까
못 잊고 못 지울 가슴 아린 그날들
긴 머리 그대로 모습은 뚜렸한데
멀어진 은하수는 왜 이리 흐려져만 가는지

큰 별 하나 따 주고
작은 별 모아 나누던 날
어디에 간직할까 은하수만 알겠지
이제는 그리움도 은하수 따라 흐려지고
훗날이 된 이 먼 훗날 가슴만 쓰라린다

그 섬의 미련

안 온다 하면서 여기의 이 자리를
찾은 바다 고요히 파도 소리 처량하고
던져보는 돌 하나 파도에 묻힌다
둘러보는 저 섬 저 섬의 약속이었나
여기의 이 바위 밑 이 자리도 그렇고

파도가 지우는 영원한 사랑
지우다 만 그날은 어이 못 지우는지
지운다면 언제 무엇으로 지울까
둘만의 그날 돌아보면 아무것도
소라의 먼 훗날 하얗게 부서진다

소녀의 봄

누구의 어느 사랑이
하늘 아래 그 봄날
외딴집의 그리움인가
보이는 먼 하늘에 구름 흐르고

개나리의 울타리
앞산 자락 진달래
호미 넣은 바구니
그 바구니에 나물만 담겼었나

찔레꽃에 묻은 세월
열 일곱 되던 그날
뒷산길 너머 떠나 온길
지금도 아직 그 노을에 물든다

• 3부 •

그리운 노을

바라보고도 못 가는 멀고 먼 그 옛날
이 마음 속의 그날을 어떻게 찾아 갈까
여기까지 오기를 오는 길목에 예쁜 꽃도 피어 있었고
갈매기 울음에서 산골의 그 철새 울음도 아련히 들려온다

섬에서 산골로 옛날이라 하기에 너무 먼 반세기일까
생각나 더듬어 보면 너무 저물어 다 더듬을 수 없고
이제는 쯤으로 하얀 세월에 흐려지는 그 먼 반세기
그저 운명이려니 가야 할 이 길에 옛 노을 타오른다

동창

친구야

너는 그런 삶이었니
나는 이런 삶이였어
그 세월이 얼마냐 얼마이더냐

잘 나가다 못 나가고
못 나가다 잘 나가고
처지가 바뀌고 바뀌는 것이 인생이니

한때 부러웠던 너희들
이제 너희들이 나와 같겠지
아니더라 바뀌고 나니 그것도 아니더라

세월의 장난이었어
시간의 비웃음이었고
다 내 몸에게 미안한 욕심의 것이더라

시간 앞에 무엇이 있고 없고
잘나고 못났다더냐

너는 안 그러니 안 그렇다면 무엇이 네 것이니

그 하나의 나의 것
나의 것은 하나밖에 없어
미리 마련해 놓은 옷 한 벌 그것이 다란다

애정의 봄

조용히 스쳐가는 그 날들
그러다 지금인 듯 눈에 어리고
다시 생각나 옛날을 더듬는다

투정 하나 못 받아 주었던
그 사랑의 뉘우침일까
잘못 했던 마음만 하늘에 올려지고

못 다 핀 인연의 꽃 못 잊을 그날
저 구름 따라 떠나면 어디로 가나
실가닥 늘리는 정 끊어지지나 않을지

길기도 길게 구름 따라 늘리는 곳
나뭇가지에 걸쳐지면 다시 떼어 감기라도
산 넘으면 안 보일 구름 저 구름 따라 어디로 가나

외로운 노을

노을에 젖는 이 마음
어제의 하루는 짧았었는데
이 오늘의 하루는 왜 이리 길기만한 것인지
기다림이 있어 그런 것도 아니고
욕심의 시간이 있어 그런 것도 아니다

그저 쳇바퀴 삶이 만드는 하루
지난 날도 오늘 처럼 이런 삶이 아니었나
얻고 잃고 또 잃고 얻고 더 얻으려는 욕심의 삶이였던 날
무엇을 얻어 여기에까지 왔는지

손에 쥔 것 버리고 짊어진 짐 내려놓으니
하나 둘 끊겨가는 인연에 남은 몸 하나
누가 바라보아도 이 몸 하나뿐 아닌가
인생도 저 노을 처럼 저리 저무는 것이 아닌지

고향의 그날

아련한 섬 마을의 고향
아버지의 나룻배가 언제 돌아 올까
오늘도 그 파도 소리 들려 오는 듯
배 닿는 곳 나가보면 아무도 없었고
높이 뜬 갈매기만 이웃 섬 찾아 날았다

썰물 되어 나가는 물일까
갯걷이 나간 우리 엄마 언제 돌아오나
울 뒤 언덕에 올라 내려 보노라면
저기 저 오는 사람이 우리 엄마일까
뛰어 내려가 부르니 우리 엄마가 아니었다

이제나 오나 저제나 오나 기다림에 쌓은 모래 성
이 모래 성 허물어 뜨일 밀물이 언제 될까
바지가랭이 밑으로 멀리 보는 엄마의 기다림
기약 없는 엄마의 기다림에 해만 기울고
먼 섬 아래 저 먼 곳 은빛 물결만 반짝였다

봄 하늘

어느 해인가
저 구름이 그 구름인 듯
보리밭은 잃었는데
그 구름인 듯 어디로 흘러가나

다시 찾아와
그 보리밭 찾는 것일까
그때 그 구름이라면
이 나의 모습을 잊지 않았는지

눕는 보리밭
석양에 더 나부꼈었고
저녁 무렵 이맘때면
바람 쓸쓸히 노을저 갔었는데

봄의 일기

겨울 그림자 저 멀리
옛날이 생각나 그 봄을 읽는다
양지녘에 파릇파릇 새싹 돋으면
벌써 봄이로구나 혼잣말로 입 떼고
올려 보는 하늘 높이 구름 바라보며
아직은 추운 봄 찔레꽃이 언제 필까
기다림 아닌 기다림 그런 봄이였었다

앞 개울의 버들강아지
예쁜 버들강아지 한 줌 쥐고
물에 손 담가 보는 징검다리의 물
이 차가운 물이 언제 따뜻할까 기다려졌었고
바람 부는 저녁 나절 옷 얇아 추웠던 날
그 보릿고개의 보리밥에 된장 찌게일까
허기의 저녁연기 저녁 밥이 그리웠다

등대

날마다 그 하늘
무엇인들 바뀌겠나
벗어난 안개에 보이는 섬도 그렇고
달빛에 밤하늘 밤하늘은 안 그럴까
외로운 등대지기의 마음
바라보는 뱃길 하나
그 뱃길도 배 떠나면 수평선인 것을

먼 그림

꿈 같은 지난 날
돌아보는 마음
손에 쥔 물 처럼
무엇이 남었나
다 잃고 버려진
이런 일 저런 일에 울고 웃었던 날

짧은 날에 긴 시간
그것이 세월인가
운명에 맡겨온 날
날 추우면 추워서
날 더우면 더워서
벗고 입은 옷에 묻어간 그 시간들

생각나 돌아보니
허무한 생각만이
그래도 그려지는
그 시간이 아닌가
잃어버린 그 옛날
회상의 먼 기억 아픈 날만 그려진다

뒷산의 봄

적막한 뒷산 마루 무슨 소리가 들릴까
바라보는 먼 들녘 아무도 없고
꺾어 쥔 진달래만이 볼 수록 아름답다

어려서 그렇게 예쁘기만 했던 진달래
이제는 가냘피 이 마음의 꽃이 될까
가냘피 예쁠 수가 더 붉게 붉게 이렇게 예쁠 수가

비둘기 울음에 올려 보는 하늘
머리 위의 흰 구름 어디로 흘러가는지
가냘픈 진달래의 마음 구름 위에 얹는다

툇마루의 봄

꼬리 자르고 떠나버린 기나긴 겨울
담 밑 음지에 돋은 난의 봄일까
툇마루 끝에 엎어 놓은 고무신의 봄일까
어머니의 흰 고무신 얼마만에 닦였나

눈치로 보는 어머니의 마음
내일이 장날 장에 다녀 오려
저리 깨끗이 닦아 놓았을까
아니면 외갓집 다녀 오려 저리 닦았나

바쁜 어머니의 하루 달걀 꾸러미까지
봄 볕에 따뜻하니 뜰의 병아리 즐겁고
놀던 병아리 떼 어미 품에 파고드니
웅크린 어미 닭 모두 불러 품어준다

진달래의 꿈

먼 고향의 진달래
그리 예뻤었는데
앞산 자락 뒷동산
안 피었던 곳이 어디에 있었나

하나 둘 말아 쥐고 나면
다른 것이 더 예쁘고
그 다른 것 쥐고 나면
눈 너머 앞의 것이 더 예뻤었지

꿈 묻었던 진달래
가냘픈 그 진달래
고갯마루 바위 아래
그리 곱게 누구의 꽃이 될까

점심 나절의 진달래
석양에 더 붉게 붉게
바람 불면 어쩌나
저녁의 음지로 바람 불어 추울 것인데

뒤란의 봄

양지 없는 뒤란의 봄일까
잠시 잠깐 햇볕에 봄바람 스쳐가고
겨우내내 얼었던 흙 절기에 맞춰 녹는다
드문 드문 돋은 냉이와 쑥 겨우살이의 풀
또 한 곳에 돋은 난 추워서 어떻게 하나
나들이의 병아리도 그냥 지나치는데

이맘때의 뒤란 추워도 피는 매화꽃의 뒤란
한 그루로 핀 흰 매화꽃 송이 춥지 않을까
썰렁한 굴뚝 뒤 묵은 거미줄 너플대고
쓰러질 듯 누운 굴뚝에 낀 그 끄림만큼이나
벽에 걸린 호밋자루 아이들 손 기다린다

비둘기의 언덕

힘들어 오른 언덕
비둘기 울음에 눈물 나고
보릿고개에 서러웠다
올려 보는 하늘
그 하늘에 구름은 안 그랬을까

외롭기도 외로운 날
찾는 이도 없고
부르는 이도 없었다
멀고 먼 그 내일
오늘이 기다린 그 내일이었다

구름의 봄

네 떠나는 곳
여기의 이곳 떠나면 어디로 가나
메뚜기의 그날 잊지 않았겠지

네가 이 하늘에 지나가는 듯 이제 봄이야
그때 그 구름이라면 쉬었다 가렴
저 산 봉우리에 머물러 쉬었다 가렴

내려보면 보리밭 둑에 바구니 든 아이들
그리고 냇가에 버들강아지도 피어 있어
집 울마다 개나리 나 오른 산에 진달래도 피어 있고

가을날 그렇게 여름날 뭉게구름으로
왠지 모를 이 봄날 그때 너의 그 구름인 듯
이 나의 마음 빼앗아 산 너머 멀어지는구나

사금파리의 꿈

먼 그리움의 아주 먼 옛날
울 밑 양지녘에 민들레꽃 피어나고
한 곳에 개나리 텃밭 윗산에 진달래
여기 저기에 돋은 냉이 아이들 불러 모은다

그릇으로 쓰일 사금파리 줍는 아이들
소꿉 그릇에 무엇을 어느 반찬을 담을까
흙 퍼서 밥 짓고 냉이 진달래 찧어 반찬 만들고
쭈빗 쭈빗 부끄러운 호칭에 엄마와 아부지

누가 엄마이고 아부지는 누가 될까
업을 띠에 업힌 신발 단발머리에 그 모습
사금파리 국 그릇에 무슨 국 끓여 올려놓지
내가 알고 네가 아는 소꿉 놀이의 그날일까

가슴 속 깊이 부끄러움에 떠 올린 먼 그림
이 봄날 살며시 그 날들을 그려보니
세월에 덮힌 어린 시절 구름 따라 흐르고
코흘리게의 옛 모습 허공 멀리 멀어진다

갈매기의 슬픔

이 섬도 갔다 오고
저 섬도 다녀 오고
뱃길 따라 떠나면 어느 섬을 찾을까

들어오고 나가는 배
저 가는 배 따라가면
작년에 찾았던 그 작은 섬일 것인데

누가 있어 반겨주고
부르는 이 누구일까
떠나 올때에 다시는 안 찾겠다던 섬

밀물에 배 들어오면
나가는 배 따라 갈까
여기 등대에 앉아 이 섬에 머무를까

둘러보면 아무것도
처량한 파도소리만
울부짖는 갈매기 나가는 배 바라본다

두 번의 봄

삶이 그린 그날들
보내고 떠난 사람
어디에서 무엇 하나
내가 이렇듯 나름대로 지내겠지

연락이 닿는다면
소식을 듣는다면
무슨 말부터 어떻게
어느 소식 무엇이 어떻게 들릴까

그러한 인연의 삶
쳇바퀴의 그 삶에
미워도 보아야 하고
싫어도 함께 했어야 하는 그날들

인연도 인연 나름
삶을 위해 그렇게
안 보고 못 보았었나
든 커피잔에 섞여 창가에 와 있다

섬 처녀의 봄

가물 가물 들어오는 배 어느 섬에 닿을까
스치는 봄바람 바구니에 담기고
섬 처녀의 보리밭 오월을 기다린다

언제나 바라보는 섬
눈 밖 멀리 저 섬에 누가 사는지
밀려오는 그리움 파도 따라 들어오고

물 때 맞춰 들어야 할 그 굴 바구니
그 굴 바구니에 따는 굴만 담길까
뱃고동 들리는 듯 먼 바다 바라보아진다

노을의 그날

그날이 생각나 다시 돌아보면
빛 바랜 하얀 날 더 멀어지고
못 잊을 미운 모습 꽃 속에 숨는다
그렇게 처음이 무너질 것을
둘만의 우리의 행복 영원하자 했나

약속이 지우고 처음이 버린 날
숨어 있는 꽃 속의 모습은 어이 못 지우는지
아름다운 날만이 홀로 남아 무엇을 찾을까
다녔던 곳 그곳 흔적이라도
다음이 없는 미련 그 노을에 젖는다

• 4부 •

봄의 마을

집 울뒤 개나리
앞 뒷산 진달래
복숭아 살구꽃
나물 케는 아이
고기 잡는 아이
누구의 고향이 이처럼 그림이 될까

조금 더 지나면
오월의 보리밭
봄바람 불어와
보리 나부끼면
하늘의 흰 구름
산 너머의 구름 뒤 안 보고 떠나겠지

등대의 봄

부딪치는 파도 소리 인생을 읽어주고
들어오고 나가는 배 마음 싣고 떠난다
바라보는 이 섬 저 섬 무엇이 달라질까
갈매기 들어오면 들어오나 보다
나가는 배 떠나면 떠나나 보다

밀물에 수평선 수평선은 안 그럴까
먼 섬 돌아 지나는 배 고깃배인 듯
등대지기의 마음을 얼마나 헤아릴까
떠나지 않는 등대에 앉은 갈매기
울부짖는 갈매기 먼 바다 바라본다

잊혀진 그날

하루의 삶에 내일을 바라보고 살아온 날
봄이면 지난 날들이 왜 이리 멀어져만 가는지
다가오는 듯 눈 앞을 스치다 다시 멀어지고
구름이라도 지나면 구름 따라 산 넘는다
이런 일 저런 일 이 생각 저 생각 서운함에 고마움까지
양지 바른 봄이면 가느란히 풀려 나간다

봄 양지에 피는 꽃 보며 돌아보는 그날들
어느 날이 나에게 즐겁기만 했을까
촌뜨기의 일기장에 눈물 어린 추억만 가득
귀에 담은 것 보다 눈에 넣은 것이 더 많았던가
꽃 하나에서부터 올려보는 하늘의 구름까지
다 같이 노란 꽃 개나리 민들레 꽃에 그날을 묻는다

파도의 그리움

밀려와 부딪치고
다시 밀려오고
휩쓸어 모은 시간
물거품만 남았다네

흰 조개의 하얀 날
소라의 먼 훗날
모으고 모았 것만
줄 무늬만 남아 있고

다시 밀어 휩쓸면
그날이 보일까
등대의 밤이 되면
따 놓은 별이 보일까

모으며 휩쓸어도
옛 파도소리만
남겨 놓은 것 없이
갈매기만 울었다네

무거운 하루

지나온 날에 가야 할 날
얼마쯤 걸어 왔고
얼마만큼 더 가야 하나
언덕 많던 인생 길
가야 할 길도 그럴까
이 길 저 길 돌고 돌아
그 거치른 길 걸어오기를
그렇게 딛으며 여기까지 왔건만
남은 것이라고는 주름뿐
얻고 잃은 것이 무엇인가
몫 나누고 비우니 내 것은 아무것도
채울 때 보다 더 무거운 이 하루의 하늘
그래도 욕심에 더 가야 할 길일까
더 멀고 멀었으면 하는 마음
멀어도 내리받 길 그 끝이 어디인가

징검다리의 봄

건너야 할 개울
어느 꽃을 따 모을까
놓인 돌 딛어 뛰면
다른 돌이 딛어지고
다시 건너 두드리면
다음 돌이 딛어진다

물 맑은 봄 개울
송사리 떼의 봄 개울
건너 뛴 개울 건너
작년 바람 불어오고
돌뿌뎀이의 제비꽃
바람에 여미어진다

봄 꽃

이 많은 우리의 꽃
안 예쁜 꽃이 어디에 있을까
보았던 꽃 못 보았던 꽃
기억에 가물 가물 본적이 있었던 꽃

고향 꽃에 붙여진 이름
우리의 꽃 이름만큼이나 예쁠까
더러는 천디 천한 우리의 꽃 이름
나름대로 그 이름에 뜻이 있었고

시절의 이름으로
그렇게 살았기에 붙여진 이름
누가 알고 모르는 그 이름일까
고향의 길가에 그렇게 피었던 꽃

그때에는 그저 피었나 보다
지나치며 관심이나 있었을까
보릿고개 넘으며 보았던 꽃들
이제야 추억의 꽃으로 눈 안에 들어온다

봄 언덕의 하늘

내려 보이는 곳마다
높고 낮은 집만 빼곡히
이 많은 집에 누가 사는지
그래도 내 집 없어 빌려 사는 사람들

그 한 달이 멀다 했나
이렇게나 가까운 것을
낼 것 많고 쓸 것 많은 세상
그 수입을 다 어디에서 벌어야 하나

늙어서도 내 집 마련
젊어서도 내 집 마련
그 소원이 집 마련인 것을
아이 못 낳은 젊은이들 어떻게 하나

늙어가는 남 여 청춘
대 못 이을 나라 살림
그 책임이 누구에게
사회와 나라가 무너지고 있습니다

벚꽃

벚꽃으로 덮힌 세상 이렇게 하얄 수가
벚꽃으로 하얀 세상 이리 아름다울 수가
벚나무의 하얀 길 끝이 없어라
벚나무 아래의 하얀 마음 하늘 한 번 올려본다

작은 사랑

잊어서 다 잊었는 줄 알았는데
그래도 남아 있어 조용하면 떠오르고
잘못의 뉘우침에 못 받아준 그 투정에 미안하다
내가 왜 그랬을까 그때 왜 그랬을까

그럴려고 그랬던 것이 아닌데
몰라주는 그 마음에 서운한 이 마음
그리 야물딱지게 돌아서야 하는지
지금에 와 생각 하니 모두가 나의 잘못

다시 이어질 인연이라면 그때 보다 더
더 많이 사랑하고 아껴 줄 것을
기러기 한 백 년 다른 사랑 찾아 갔는지
기다림에 그리움 끊긴 소식 들려올까 미련의 귀 기우린다

소꿉의 달

단발머리 아이
까까머리 아이
그 동무들 어디에서 어떻게 사는지

흘러간 그 세월
모습도 변하고
마음은 안 그럴까 다 변했을 것인데

상상으로 그린
처녀 총각 모습
다 자란 모습들 그 모습 한 번이라도

지워진 놀이터
잃어버린 그릇
다시 찾아가 모으면 모을 수 있을까

민들레꽃 보며
그리는 동무들
보름달 뜨는 날 다 만나 볼 수 있겠지

하얀 추억

한가로이 파도 소리만
울부짖는 갈매기 가까이 날아들고
찾아온 바다 홀로 외롭다

무엇 찾아 여기에 왔나
그때 그 모습 이 모습이 나였나
먼 파도 밀려와 하얗게 부서지고

바람이 여미는 긴 머리
돌아서도 헝크러져 눈 앞을 가리는지
백사장에 묻은 옛 약속 파도가 휩쓴다

고향의 구름

다시 만나고 싶어라
구름 처럼 흘러간 고향의 세월
고향의 구름 기억하시나요
보리밭 위 지나는 구름 산 너머 멀어졌고
그 아래 종달새 높이 떠 지저귀었지요

여름날에 뭉게 구름 위 기와집 짓던 날
그 뜨락에 꽃 심어 올려 보았고요
꽃만 심었나요 꿈도 심어 바라보았고요
이 구름 저 구름 멀어져 가면
외로움도 함께 따라 멀어졌고요

초가 뜨락에 앉아 올려 보았던 구름
가을이면 하늘 높이 가을 구름은 없었을까요
높은 하늘에 새털 구름 한 쪽으로 띠 구름
석양에 비늘 구름까지 가득 메웠던 날
그 구름도 세월도 그렇게 흘러 갔지요

파도의 해변

시린 날 보다 더 먼 그날
그날이 생각나면 꽃 속에 묻고
모습이 떠 오르면 그 바다를 찾는다

너무 먼 그날의 시간들
어디에서인가 우연히 만나면
우리 아름다웠다라고 말 할 수 있을까

아니면 묵묵히 못 본척 지나칠까
너무 먼 시간 짧은 날의 그날들
표정으로라도 읽어 준다면

이제 작은 추억으로 가슴에 묻어야 하는지
그릴 수는 있어도 찾을 수 없는 그 날들
둘만의 그날 처음을 찾아간다

거울의 봄

무슨 일이 있었을까
끊긴 연락의 십여년
그 세월이 얼마인가
설레임에 찾는 옷
많은 옷에 입을 옷 없고
입자 하니 거울이 부끄럽다

오랜 세월의 친구
만남의 짝궁 친구
이 옷을 입어야 할지
아니면 저 옷을 입어볼까
둘러보고 내려보고
설레임의 약속 시간이 바쁘다

동무의 봄

동무야
봄이여 봄이 왔어
그때 그 봄 처럼 봄이 왔어
진달래 개나리 길가에 민들레
담 너머 라일락도 활짝 피었더구나

둘이 다녔던 산
우리 다녔던 산에는 안 왔을까
그 산에도 그때 처럼 봄이 왔겠지
칡뿌리 송깃 훑어 먹던 그 할미꽃의 산
따 먹던 진달래 꽃도 여기 저기 많이 피었을 것이고

동무야
누가 아는 둘만의 봄일까
구름도 그렇게 흐르는구나
보릿고개에 울고 웃던 너와 나
그 봄은 떠났어도 아직 가슴에 남아 있어

달 뜨면 달에서 보는 너
비 오면 궂은비에 묻어나는 너

너는 안 그렇겠니 너도 그렇겠지
이 봄의 꽃 다 지워지면 어느 기억이 떠 오를까
다음은 파란 보리밭 저녁 무렵쯤 보리 나부끼겠지

송아지의 봄

누렁이 소 새끼 낳았던 날
어른들이 저리 가라 좇아 댔었는데
어느새 자라 이리 뛰고 저리 뛰던 송아지
어미 꽁무니에 붙어 떨어질 줄 몰랐지

어미는 제 새끼 어찌할까
가까이 갈 때마다 눈치 보았고
다 자란 송아지 이웃 텃밭 망치는 송아지
새끼 안 보이면 어미가 찾아 대고
어미가 안 보이면 새끼가 그리 울어 댔었지

정 그리워 우는 소리 서로 찾는 소리
그 우는 소리를 언제 다시 들어볼까
논 갈이 밭 갈이에 어미 따라 다니던 송아지
참 먹을 때면 새끼 젖 먹이느라 어미 소도 쉬었고

이제는 다 자랐으니 젖 떼일 판
말뚝에 매어 놓으니 그리 어미 찾느라 울어 대는지
그 며칠 어미의 젖도 그러는 어미의 정도
이제 다 끊기고 우시장으로 새 주인 만나러 갈 참이 아닌가

송아지가 무엇을 알겠냐 그러는 어미 소도
어미 꽁무니 따라 우시장으로 가는 송아지
그동안 정들었고 놀려 대느라 재미 있었는데
우시장 가는 어미 소 송아지 떼어 놓고 혼자 돌아오겠지

정들었던 송아지 팔려 간 송아지
어미 소 저녁 쇠죽 거르고 새끼 찾는 소리
저녁 내내 우는 어미 소의 울음 가엾어라
구융 가득 쇠죽만 송아지를 기다렸다

소라의 바다

찾아온 바닷가
저기 저 먼 섬은 내일의 섬이었고
눈앞 가까이 이 섬은 오늘의 섬이었다

들려오는 파도 소리
귀에 담는 이 소리를 어찌 잊을까
외로움의 백사장 끝이 없었다

민들레의 고향

길가에 민들레 노란 민들레
크고 작은 송이로
안 피어난 곳이 어디에 있겠나
더러는 흔치 않은 하얀 꽃도 있었고

날 궂는다 꽃잎 접어 알리는 민들레
저녁이면 밤이 온다 꽃잎 접는 민들레
아가의 색동 옷 처럼 노란 민들레
담 밑 울 밑으로 그리 예뻤었는데

한 송이 따 손에 쥐면 묻는 하얀 진
그것이 그리 싫어 옷에 문질러 댔고
입에 넣으면 어찌나 쓰던지
그러다 하얀 홀씨 되어 석양 바람에 날아갔지

소녀의 바다

저 먼 파도 밀려오면 어디쯤 닿을까
조약돌 주워 주머니에 넣고
조개껍데기 모아 파도에 씻는다

이 다음을 남기며 오늘 돌아가면
그것이 남겨진 소녀의 흔적일까
여운의 파도 다시 돌아간다